Kleines Feines zum Auftakt

Kalt oder warm, aus dem Ofen oder aus dem Topf, mild oder raffiniert würzig – hier gibts für jeden Geschmack die passende kulinarische Ouvertüre

Safransuppe

Gelingt leicht

Zutaten für 4 Personen:

1 3/4 l Kräftige Gemüsebrühe

4 EL Olivenöl

2 Päckchen Safran (je 0,1 g)

4 dicke Scheiben Weißbrot
oder helles Landbrot

Zubereitungszeit
45 Min.
Pro Portion ca.
290 kcal

1 Den Backofen auf 200° vorheizen. Die Gemüsebrühe mit dem Öl erhitzen, den Safran einstreuen und unterrühren.

2 Die Brotscheiben in eine feuerfeste Schüssel legen. So viel Brühe darüber gießen, bis die Scheiben keine Flüssigkeit mehr aufnehmen. Die Schüssel in den Backofen (Mitte, Umluft 180°) stellen.

3 Die restliche Gemüsebrühe heiß halten, immer wieder etwas davon auf die Brotscheiben schöpfen. Nach ca. 30 Min. die Schüssel aus dem Ofen nehmen, den Rest der Brühe dazugießen. Die Suppe sehr heiß servieren.

Ente, Lachs und Zimtparfait

Jetzt reicht's aber!- Jedes Jahr platzen sie uns in die Weihnachtsfeier..!!

Rote-Bete-Suppe
mit Schneeklößchen

Raffiniert

Zutaten für 4 Personen:

400 g junge rote Beten

2 kleine säuerliche Äpfel

2 1/2 EL Zitronensaft

2 Schalotten

700 ml Gemüsefond
(aus dem Glas)

300 ml trockener Weißwein
(oder Gemüsefond)

2 Pimentkörner

1 Lorbeerblatt

Salz, Pfeffer

1 Eiweiß

1 TL Honig

1 EL Aceto Balsamico

1/2 Bund Schnittlauch

Zubereitungszeit

45 Min.

Pro Portion ca.

260 kcal

1 Rote Beten und Äpfel schälen, vierteln und die Viertel quer in dünne Scheiben schneiden. Einige Apfelscheiben mit 2 EL Zitronensaft beträufeln, beiseite stellen. Schalotten schälen, in feine Ringe schneiden.

2 Rote Beten, Äpfel und Schalotten in einen Topf geben. Gemüsefond und Wein angießen, alles zum Kochen bringen. Piment und Lorbeer hinzufügen, salzen und pfeffern. Nach dem Aufkochen die Suppe 20 Min. zugedeckt leise köcheln lassen.

3 Inzwischen das Eiweiß mit dem übrigen Zitronensaft und 1 Prise Salz steif schlagen. Die Suppe in ein Sieb abgießen, die Brühe dabei auffangen. Das Gemüse leicht ausdrücken. Die Brühe erneut langsam erhitzen, mit dem Honig, dem Essig, Salz und Pfeffer abschmecken.

4 Mit 2 Teelöffeln aus dem Eischnee Klößchen abstechen, in die heiße Suppe geben und 2 Min. darin ziehen lassen. Den Schnittlauch in feine Röllchen schneiden. Die Suppe in vorgewärmten Suppentellern anrichten, die rohen Apfelscheiben dazugeben und den Schnittlauch darüber streuen.

Muschel-Cocktail

mit Feldsalat und Kiwis

Schnell

Zutaten für 4 Personen:

150 g Feldsalat

2 Kiwis

1/2 Blutorange

1 EL Cognac (nach Belieben)

100 g gegarte Muscheln
(aus dem Glas)

75 g Meerrettich-Frischkäse

1/2–1 TL eingelegter grüner Pfeffer

Salz, weißer Pfeffer

Zubereitungszeit
20 Min.
Pro Portion ca.
80 kcal

1 Den Salat verlesen und waschen. Die Kiwis schälen, in Viertel und diese in 1 cm dicke Scheiben schneiden. Die Orangenhälfte auspressen. 1/2 EL Saft und den Cognac über die Muscheln träufeln.

2 Mit dem übrigen Saft den Frischkäse cremig rühren. Das Dressing mit den Gewürzen abschmecken.

3 Die Salatzutaten im Wechsel mit etwas Dressing in Cocktailschalen anrichten.

Variante mit Avocado

Dafür brauchen Sie zusätzlich 2 Avocados, dafür nur etwa die Hälfte Feldsalat und statt der Kiwis 1–2 klein geschnittene Tomaten. Die Avocados längs halbieren, den Kern auslösen, das Fruchtfleisch herausheben, dabei 1/2 cm Fleisch in der Schale stehen lassen. Die Schale mit etwas Orangensaft beträufeln, salzen und pfeffern. Das ausgelöste Fruchtfleisch würfeln, mit restlichem Orangensaft beträufelt zu den übrigen Salatzutaten geben. Den Cocktail in den Avocadoschalen anrichten.

Waldorfsalat

Klassiker

Zutaten für 4 Personen:

1 ganz frisches Eigelb

3 EL Zitronensaft

1/8 l Sonnenblumen- oder Maiskeimöl

3–4 EL Sahne

Salz, Pfeffer

3 Stangen Staudensellerie

50 g Walnusskerne

3 feste säuerliche Äpfel

Zubereitungszeit
30 Min.
Pro Portion ca.
450 kcal

1 Das Eigelb mit 1 EL Zitronensaft in einer hohen Schüssel verrühren. Das Öl zuerst tropfenweise, dann in dünnem Strahl unter kräftigem Rühren dazugießen, bis eine cremige Mayonnaise entstanden ist. Die Sahne unterrühren und die Mayonnaise mit Salz und Pfeffer abschmecken.

2 Den Sellerie waschen, die harten Fasern abziehen. Das Grün zum Garnieren beiseite legen. Den Sellerie schräg in dünne Scheiben schneiden. Die Walnusskerne nach Belieben grob hacken.

3 Die Äpfel waschen, gründlich abreiben (nach Belieben auch schälen), vierteln und das Kerngehäuse entfernen. Die Äpfel in 2–3 cm große Würfel schneiden und sofort mit dem restlichen Zitronensaft beträufeln.

4 Sellerie, Walnusskerne und Apfelwürfel mit der Mayonnaise vermengen und alles herzhaft abschmecken. Mit dem Selleriegrün garniert servieren.

Variante:

8 rohe und geschälte Riesengarnelen 2–3 Min. in wenig Öl braten und auf dem Salat anrichten.

Kräuter-Garnelen

marinierte

Raffiniert

Zutaten für 2–4 Personen:

20 mittelgroße rohe Garnelen

1 Knoblauchzehe

3 EL Olivenöl

2 EL Zitronensaft

Salz, schwarzer Pfeffer

1 Bund glatte Petersilie

200 g Frischkäse

1 große rote Paprikaschote

(ca. 180 g)

Zubereitungszeit
1 Std.
Bei 4 Personen
pro Person ca.
330 kcal

1 Garnelen aus der Schale lösen, am Rücken mit einem Messer einritzen und den dunklen Darm entfernen. Die Garnelen kalt abspülen, trockentupfen und auf eine Platte legen.

2 Den Knoblauch in eine Schüssel pressen, mit Olivenöl, 1 EL Zitronensaft, etwas Salz und Pfeffer verrühren. Die Petersilie waschen, die Blättchen fein hacken und die Hälfte zur Marinade geben. Die Marinade über die Garnelen gießen und diese zugedeckt im Kühlschrank ca. 30 Min. ziehen lassen, dabei ein Mal wenden.

3 Den Backofengrill auf 250° vorheizen. Den Frischkäse mit dem übrigen Zitronensaft glatt rühren. Paprika waschen, halbieren, putzen und in sehr kleine Würfel schneiden.

Diese mit der restlichen Petersilie unter den Frischkäse mengen, mit Salz und Pfeffer würzen.

4 Garnelen aus der Marinade nehmen, mit Küchenpapier leicht abtupfen, mit dem Paprika-Frischkäse vermengen. Alles in eine flache Auflaufform geben, unter dem Grill (zweite Schiene von oben) ca. 8 Min. garen.

Tipp: Servieren Sie dazu Baguette oder eine Wildreis-Mischung und knackigen Blattsalat.

Käse-Nuss-Souffles

Oooh du fröhliche....

Gelingt leicht

Zubereitungszeit
1 Std. 20 Min.
Pro Portion ca.
370 kcal

1 Die Butter schmelzen lassen, das Mehl darin leicht anschwitzen. Sherry und Sahne dazugeben und alles 2 Min. kochen lassen. Den Backofen auf 200° vorheizen.

2 Die Förmchen fetten und mit Bröseln ausstreuen. Käse, Nüsse, Senf und Gewürze unter die Mehlschwitze rühren, mit den Gewürzen nochmals kräftig abschmecken.

3 Die Eier trennen, die Eigelbe ebenfalls unterrühren. Die Eiweiße steif schlagen, vorsichtig unter die Masse heben und diese in die Förmchen verteilen.

4 Die Käse-Nuss-Souffles im Ofen (Mitte, Umluft 180°) in 25 Min. goldgelb backen. Sofort mit Salat und Baguette servieren.

Zutaten für 6 Souffle-Förmchen von je 200 ml Inhalt:

4 EL Butter
4 EL Mehl
2 EL Sherry cream
150 g Sahne
180 g geriebener alter Gouda
60 g geriebene Haselnusskerne
1 EL Senf
1 Msp. geriebene Muskatnuss
Salz, Pfeffer
edelsüßes Paprikapulver
6 Eier

Außerdem:
Fett und Semmelbrösel
für die Förmchen

Tipp:

Für ein großes Souffle geben Sie die Masse in eine hohe 2-l-Form. Bei 180° (Umluft 160°) 45 Min. backen. Variieren Sie das Souffle mit zusätzlich 2 EL Pesto oder 4 EL Frühlingszwiebelringen oder mit Kürbiskernen statt Nüssen.

Vegetarisches Festessen

Gemüse ganz selbstbewusst als Hauptgang oder eher zurückhaltend als Zwischengericht serviert – in jedem Fall eine köstliche Versuchung

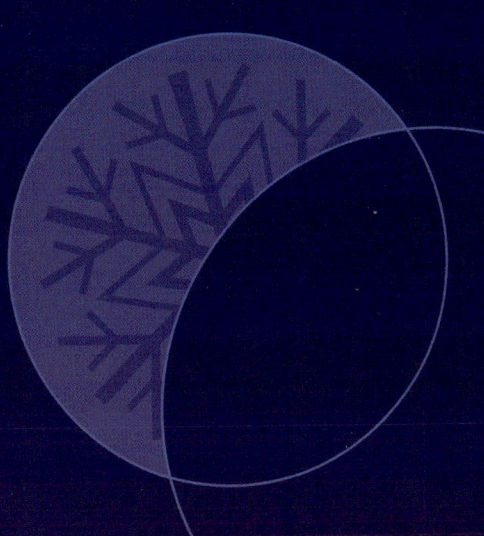

...und dann ging's plötzlich holterdipolter ab durch's Ozonloch!

Wintergemüse
mit Kastanienmus

Kalorienarm

Zutaten für 4 Personen:

Für das Kastanienmus:
100 ml Milch
je 2 Wacholderbeeren und
Korianderkörner, 1/2 Gewürznelke
125 g geschälte Maronen
(aus dem Glas oder der Dose)
1 Prise Meersalz
2 TL Akazienhonig
2 EL Aceto Balsamico
20 g weiche Butter
Für das Gemüse:
Meersalz
je 100 g Steckrübe, Petersilienwurzeln, Pastinaken und Möhren
50 g Champignons
2 TL Olivenöl
100 g Wirsing
Pfeffer

Zubereitungszeit
40 Min.
Pro Portion ca.
190 kcal

1 Für das Kastanienmus die Milch mit den Gewürzen zum Kochen bringen, durch ein Sieb gießen und die Maronen in der Milch glatt pürieren. Das Mus mit Salz, Honig und Essig abschmecken. Zuletzt die Butter untermixen.

2 Für das Gemüse in einem Topf 2 l Salzwasser zum Kochen bringen. Steckrübe, Petersilienwurzeln, Pastinaken und Möhren schälen und in 5 cm lange dünne Stifte schneiden. Im Salzwasser bissfest garen: Möhren in 5 Min., das übrige Wurzelgemüse in 3 Min.

3 Die Champignons putzen und in Scheiben schneiden. Das Öl in einer Pfanne erhitzen. Die Pilzscheiben darin 3 Min. bei mittlerer Hitze unter Wenden dünsten, bis die gesamte austretende Flüssigkeit verdampft ist.

4 Inzwischen den Wirsing putzen, waschen und in Streifen schneiden. Die Pilze aus der Pfanne nehmen, salzen, pfeffern und warm stellen. Den Wirsing in der Pfanne 2 Min. unter Wenden dünsten, ebenfalls salzen und pfeffern.

5 Das Gemüse auf Servierteller verteilen und das Kastanienmus als Dip auf die Teller geben.

Fangst schon mal ohne mich an!

Reispflänzchen

im Lauchblatt

Gut vorzubereiten

Zutaten für 4 Personen:

200 g Rundkornreis
400 ml Gemüsebrühe
1 Bund Basilikum
1 dicke Stange Lauch
Salz
1 EL Pinienkerne
fein gehackte Schale von
1/2 unbehandelten Zitron
1 Ei
2 TL Kapern
50 g geriebener Parmesan
2 Knoblauchzehen
Cayennepfeffer
einige stabile Schnitt-
lauchhalme
3 EL Olivenöl
200 g passierte Tomaten

Zubereitungszeit
50 Min.
Pro Portion ca.
420 kcal

1 Den Reis mit der Gemüsebrühe zum Kochen bringen, zugedeckt bei schwacher Hitze in 20 Min. ausquellen lassen. In einer Schüssel etwas abkühlen lassen. Das Basilikum waschen und die Blättchen fein hacken.

2 Vom Lauch einige Blätter vorsichtig im Ganzen ablösen, waschen, in kochendem Salzwasser 1 Min. blanchieren, kalt abschrecken und in ca. 10 cm lange Stücke schneiden. Vom übrigen Lauch ein ca. 4 cm langes Stück fein hacken und waschen.

3 Eine große schwere Pfanne erhitzen, die Pinienkerne darin ohne Fett goldgelb rösten. Den Reis mit Zitronenschale, Basilikum, Pinienkernen, Ei, Kapern und Parmesan mischen. Den Knoblauch dazupressen. Alles mit Salz und Cayennepfeffer abschmecken.

4 Die Reismasse zu kleinen flachen Pflänzchen formen, jedes in 1 Lauchstück einwickeln. Die Päckchen mit Schnittlauch zusammenbinden. In der Pfanne das Öl erhitzen, die Lauchpäckchen darin unter gelegentlichem Wenden 5 Min. braten. Zugedeckt warm halten.

5 Den gehackten Lauch in der Pfanne bei starker Hitze unter Rühren ca. 3 Min. braten. Die Tomaten dazugeben und erhitzen. Mit Salz und Cayennepfeffer abschmecken; zu den Pflänzchen servieren.

Nudelröllchen
mit Möhren-Brokkoli-Füllung

Braucht etwas Zeit

Zutaten für 4 Personen:

200 g Mehl

2 kleine Eier

Salz

2 TL Zitronensaft

500 g Möhren

25 g Butter

2 TL Mehl

Pfeffer

1 Msp. abgeriebene Zitronenschale

1–2 EL Zitronensaft

2 TL Tomatenmark

30 g Crème fraîche

300 g kleine Brokkoliröschen

1–2 EL Öl

Außerdem:

1 Bratenschlauch

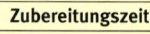

Zubereitungszeit
1 1/2 Std.

Pro Portion ca.
360 kcal

1 Aus Mehl, Eiern, Salz und Zitronensaft einen Teig kneten und diesen ca. 15 Min. ruhen lassen.

2 Die Möhren waschen, putzen, kleinschneiden und in der Butter andünsten. Mit Mehl überstäuben, mit Salz, Pfeffer, Zitronenschale und -saft würzen. Bei milder Hitze in ca. 15 Min. garen, pürieren und abkühlen lassen.

3 Das Tomatenmark und die Crème fraîche unter das abgekühlte Möhrenpüree rühren. Den Backofen auf 180° vorheizen.

4 Aus dem Teig vier Platten von ca. 20 x 25 cm ausrollen. Mit dem Möhrenmus bestreichen, dabei rundherum einen kleinen Rand frei lassen. Den Brokkoli darüber verteilen.

5 Die Platten zusammenrollen, die Enden einschlagen. Die Röllchen im heißen Öl andünsten. Dicht nebeneinander in einen Bratenschlauch legen, diesen verschließen.

6 Die Röllchen im Backofen (Mitte, Umluft 160°) ca. 30 Min. garen. Dazu passt Tomatensauce.

Süßkartoffel-Tarte

Gelingt leicht

Zutaten für 1 Springform
von 26 cm Ø:

je 100 g Lauch, Blumenkohl
(ohne Strunk) und Möhren
1 Stück frischer Ingwer
(ca. 6 cm lang)
1 EL kaltgepresstes Olivenöl
Meersalz, Pfeffer
geriebene Muskatnuss
400 g Süßkartoffeln
400 g fest kochende
Kartoffeln
50 g Butterflocken

Außerdem:
Fett für die Form

Zubereitungszeit
25 Min.
(+ 50 Min. backen)
**Bei 4 Personen
pro Portion ca.**
280 kcal

1 Den Backofen auf 200° vorheizen. Den Lauch putzen, längs aufschneiden, auseinander biegen, waschen und in dünne Streifen schneiden. Den Blumenkohl waschen, die Möhren schälen und beides grob raspeln. Den Ingwer schälen und reiben.

2 In einer breiten Pfanne das Öl erhitzen, das Gemüse darin 5 Min. bei mittlerer Hitze dünsten. Den Ingwer unterrühren, alles mit Salz, Pfeffer und Muskat würzen. Die Garflüssigkeit verdampfen lassen.

3 Die Süßkartoffeln und die Kartoffeln waschen, schälen, in dünne Scheiben schneiden und mischen. Die Form fetten. Mit der Hälfte der Kartoffelscheiben so belegen, dass die Scheiben einander überlappen. Mit Salz, Pfeffer und Muskat bestreuen. Den Rand der Form mit Kartoffelscheiben auskleiden.

4 Die Gemüsefüllung in die Form geben, glatt streichen und mit den übrigen Kartoffelscheiben abdecken. Die Süßkartoffel-Tarte mit Muskat, Salz und Pfeffer bestreuen, mit Butterflöckchen belegen und im heißen Ofen (Mitte, Umluft 180°) 50 Min. backen.

Variante:

Statt Blumenkohl 200 g in Streifen geschnittene Austernpilze für die Füllung verwenden.

Lauch-Nudeln

mit 3-Käse-Sauce

Raffiniert

Zubereitungszeit
35 Min.
Pro Portion ca.
480 kcal

Zutaten für 4 Personen:

Salz

1 EL neutrales Öl

175 g Bandnudeln

2 Stangen Lauch

2 Knoblauchzehen

2 EL Sesamöl

1 EL Sesamsamen

100 ml trockener Prosecco
(oder Gemüsebrühe)

weißer Pfeffer

1/2 TL gemahlenes Zitronengras
(aus dem Asienladen, oder
etwas Zitronensaft)

150 g Mozzarella

75 g Münsterkäse

100 g Ziegenschnittkäse
(oder Feta)

1 Salzwasser mit dem Öl zum Kochen bringen. Die Bandnudeln darin bissfest kochen, abgießen, kalt abschrecken und abtropfen lassen.

2 Den Lauch putzen, längs aufschlitzen und unter fließendem Wasser gut waschen. Abtropfen lassen und längs in nudelbreite Streifen schneiden.

3 Den Knoblauch schälen und fein hacken. Im Wok oder in einer großen Pfanne das Sesamöl erhitzen. Lauch, Knoblauch und Sesamsamen darin unter Rühren 2–3 Min. braten.

4 Den Prosecco angießen, den Lauch mit Salz, Pfeffer und dem Zitronengras würzen. Die Nudeln untermischen. Den Backofen auf 200° vorheizen.

5 Die Lauch-Nudeln in feuerfeste Portionsformen verteilen. Mozzarella und Münsterkäse in Scheiben schneiden. Den Ziegenkäse grob raspeln.

6 Die Lauch-Nudeln mit dem Käse belegen und im Ofen (Mitte, Umluft 180°) ca. 15 Min. überbacken, bis der Käse geschmolzen ist.

Möhrenstern

Preiswert

Zutaten für 4 Personen:

500 g mittelgroße spitze Möhren
Salz, Pfeffer
1/2 l Gemüsebrühe
25 g Butter (+ Butter
für die Form)
1 Knoblauchzehe
1/4 l Milch
250 g Polenta
100 g Schmand
150 g geriebener Bergkäse

Zubereitungszeit
1 Std.
Pro Portion ca.
520 kcal

1 Die Möhren schälen, in einem Topf in der Butter andünsten, salzen und pfeffern. Einige Löffel Gemüsebrühe und den gehackten Knoblauch dazugeben. Die Möhren ca. 10 Min. dünsten, dann aus dem Topf nehmen.

2 Übrige Brühe und Milch aufkochen, die Polenta hineingeben. Unter Rühren in ca. 5 Min. einkochen lassen, vom Herd ziehen und abgedeckt ca. 15 Min. nachquellen lassen.

3 Den Backofen auf 200° vorheizen. Eine Quicheform (26 cm Ø) einfetten. Den Schmand unter den Brei ziehen, mit Salz und Pfeffer würzen. Die Masse in der Form verteilen.

4 Die Möhren sternförmig auf der Polenta verteilen, mit Käse bestreuen. Das Gericht im Ofen (Mitte, Umluft 180°) ca. 15 Min. überbacken.

Durch die Festtags-
küchen Europas

Hohe Feiertage werden überall kulinarisch gewürdigt.
Hier stehen Fisch und Fleisch auf Spanisch, Italienisch,
Französisch, Griechisch und Deutsch zur Auswahl.

Gebratener Lachs
auf asturische Art

Raffiniert

Zutaten für 4 Personen:

4 Lachsscheiben
(je ca. 180 g)
Saft von 1/2 Zitrone
Salz
50 g Serrano-Schinken
6 EL Mehl zum Wenden
4 EL Olivenöl
weißer Pfeffer
1/4 l Apfelwein
(oder Weißwein)

Zubereitungszeit
45 Min.
Pro Portion ca.
290 kcal

1 Den Lachs kalt abspülen, trockentupfen, beidseitig mit Zitronensaft beträufeln, leicht salzen und 15 Min. ziehen lassen. Den Schinken klein würfeln.

2 Das Mehl auf einen Teller geben, den Fisch darin wenden, überschüssiges Mehl abschütteln. Das Öl in einer Pfanne erhitzen und den Lachs darin bei mittlerer Hitze ca. 8 Min. braten, dabei ein Mal umdrehen. Anschließend leicht pfeffern, aus der Pfanne nehmen und warm stellen.

3 Die Schinkenwürfel im verbliebenen Bratfett ca. 5 Min. dünsten. Mit dem Apfelwein ablöschen, bei starker Hitze um ein Drittel einkochen und mit Pfeffer abschmecken.

4 Den Lachs auf vorgewärmten Tellern anrichten und mit der Sauce übergießen. Als Beilage passt Spinat.

Tipp:

Dazu passt der zum Kochen verwendete Apfelwein auch als Getränk sehr gut.

Hähnchentaschen
mit Selleriesauce

Kalorienarm

Zutaten für 4 Personen:

Für die Filettaschen:
8 große Blätter Eisbergsalat
Salz
2 Tomaten
1 Zweig Basilikum
2 EL geriebener Parmesan
4 Hähnchenbrustfilets ohne
Haut (je ca. 120–150 g)
1 EL Zitronensaft

Für die Sauce:
1 große milde Zwiebel
2 Knoblauchzehen
250 g Knollensellerie
2 EL Olivenöl
weißer Pfeffer

Zubereitungszeit
1 1/4 Std.
Pro Portion ca.
200 kcal

1 Von den Salatblättern dicke Rippen wegschneiden. Die Blätter in kochendem Salzwasser 1–2 Min. blanchieren, auf einem Tuch ausbreiten. In dem Wasser die Tomaten 2–3 Min. brühen, dann häuten. Die Tomaten klein würfeln, salzen, in einem Sieb 10 Min. abtropfen lassen. Das Basilikum waschen, trockenschütteln, fein hacken und mit dem Parmesan und den Tomatenwürfeln mischen.

2 Die Hähnchenbrustfilets abspülen und trockentupfen. Jeweils eine Tasche hineinschneiden, das Fleisch innen und außen mit Zitronensaft und Salz würzen. Das Tomatengemüse einfüllen, jedes Filet in 2 Salatblätter einschlagen, gut zusammendrücken. In einem Topf ca. 1 l Wasser zum Kochen bringen. Die Taschen in einen gelochten Einsatz legen, über das Wasser stellen, zugedeckt bei schwacher Hitze 35–40 Min. dämpfen.

3 Für die Sauce Zwiebel, Knoblauch und Sellerie schälen. Das Gemüse hacken und im Olivenöl 8–10 Min. anbraten. 150 ml Wasser dazugießen und das Gemüse in 20–25 Min. weich kochen. Alles mit dem Pürierstab fein pürieren und mit Pfeffer würzen.

Diese strahlenden Hühneraugen!

Man fühlt sich sofort an die eigene Kindheit erinnert.

4 Wenn beim Einstechen mit einer Nadel aus den Filets klarer Saft austritt, das Fleisch aus dem Dampf nehmen, in schräge Streifen schneiden und mit der Sauce servieren.

Gefüllte Ente

Herzhaft

Zutaten für 4 Personen:

1 Ente (ca. 1,8 kg),
küchenfertig vorbereitet
200 g Enten- oder Hühnerleber
50 g geräucherter Speck
2 kleine Zwiebeln
1 Knoblauchzehe
1 EL kaltgepresstes Olivenöl
1 Bund glatte Petersilie
30 g getrocknete Steinpilze,
in 150 ml Wasser eingeweicht
1 Eigelb
Salz, schwarzer Pfeffer
1 Prise Cayennepfeffer
1 Stange Staudensellerie
1 Möhre
20 g Schweineschmalz
1 EL Tomatenmark
100 ml trockener Weißwein

Außerdem: Küchengarn

Zubereitungszeit

45 Min.
(+ 1 1/2 Std. garen)

Pro Portion ca.

1100 kcal

1 Die Ente außen und innen kalt abspülen und trockentupfen. Leber und Speck klein würfeln. 1 Zwiebel und den Knoblauch schälen, fein hacken, im Öl glasig braten und zur Leber geben. Die Petersilie waschen und hacken. Die Pilze in ein Sieb abgießen, die Flüssigkeit auffangen. Pilze, Petersilie und Eigelb zur Leber geben, alles mischen, salzen und pfeffern.

2 Die Ente innen und außen leicht mit Salz, Pfeffer und 1 Prise Cayennepfeffer einreiben. Die Füllung in die Bauchhöhle geben, mit Küchengarn schließen. Beine und Flügel mit Küchengarn an den Rumpf binden.

3 Sellerie waschen, Möhre und übrige Zwiebel schälen, alles klein würfeln. Das Schmalz in einem Bräter erhitzen. Die Ente mit der Brust nach unten hineinlegen, das Gemüse darüber streuen.

4 Ente und Gemüse bei mittlerer Hitze 8–10 Min. anbraten, dabei wenden. Das Tomatenmark in dem Wein verrühren und mit dem Pilzwasser über die Ente gießen.

5 Die Ente zugedeckt bei mittlerer Hitze ca. 1 1/2 Std. schmoren. Zwischendurch wenden und mit der Schmorflüssigkeit begießen.

6 Die Ente ca. 10 Min. zugedeckt abkühlen lassen. Das Fett auf der Sauce vorsichtig mit einem Löffel abnehmen. Die Ente tranchieren und auf einer Platte mit der Füllung und der Sauce anrichten. Dazu Weißbrot servieren.

Filet-Töpfchen

Ganz einfach

Zutaten für 4 Personen:

400 g Rosenkohl

250 g kleine Möhren

4 Schalotten

450 g Schweinefilet

Pfeffer

1–2 EL Butterschmalz

Salz

75 ml Gemüsebrühe

100 ml trockener Cidre

1 Zweig Thymian

je 1 Prise Zucker, geriebene Muskatnuss und gemahlener Kreuzkümmel

75 g Sahne

Worcestersauce

Zubereitungszeit
50 Min.
Pro Portion ca.
310 kcal

1 Den Backofen auf 220° vorheizen. Rosenkohl und Möhren putzen und waschen. Die Möhren je nach Größe ganz lassen oder längs halbieren. Die Schalotten schälen.

2 Fleisch in 1 1/2–2 cm dicke Scheiben schneiden, pfeffern. Das Gemüse bei mittlerer Hitze in einem Bräter im Butterschmalz 5 Min. zugedeckt dünsten, herausnehmen und das Fleisch von beiden Seiten darin anbraten.

3 Das Fleisch salzen, das Gemüse dazugeben, Brühe und Cidre angießen, den Thymian hinzufügen, mit Zucker, Muskat und Kreuzkümmel würzen. Alles zugedeckt im heißen Backofen (Mitte, Umluft 200°) 25–30 Min. garen.

4 Die Sahne halbsteif schlagen. Das Filet-Töpfchen aus dem Ofen nehmen, den Thymian entfernen und das Gericht kräftig mit Gewürzen und Worcestersauce abschmecken. Die Sahne unterziehen. Sofort servieren.

39

WAS SCHENKEN?

Rindersteak
mit Chablis-Sauce

Schnell

Zutaten für 4 Personen:

6 Schalotten

4 Rindersteaks aus der Lende
(je ca. 200 g, ca. 2 cm dick)

2 EL Butter

Salz, schwarzer Pfeffer

1 TL Dijon-Senf

100 ml Chablis-Wein

Zubereitungszeit
25 Min.
Pro Portion ca.
430 kcal

1 Die Schalotten schälen und fein hacken. Das Fleisch kalt abspülen und trockentupfen.

2 Eine schwere Pfanne (Steakpfanne) stark erhitzen, die Steaks darin ohne Fett beidseitig anbraten. Dann 1 EL Butter unter das Fleisch laufen lassen. Die Steaks je nach gewünschtem Gargrad auf jeder Seite 4–5 Min. bei starker Hitze braten. Salzen, pfeffern und warm stellen.

3 In der Pfanne die Schalotten in der restlichen Butter glasig schmoren. Senf und Wein verrühren, über die Schalotten gießen. Umrühren und abschmecken. Die Sauce etwas einkochen lassen, auf den Steaks verteilen.

4 Die Steaks mit der Sauce und Baguette oder Pommes frites sehr heiß servieren.

Tipp:

Dazu passt ein feiner roter Bourgogne Premier Cru oder ein Beaujolais-Villages vorzüglich.

Ist doch wieder super gelaufen dieses Jahr!

Hauptsächlich ich!

Kaninchen
in Rahmsauce

Gelingt leicht

Zutaten für 4 Personen:

1 Kaninchen (ca. 1,8 kg), vom Händler küchenfertig vorbereitet und in Portionsstücke geteilt
1/2 l halbtrockener Weißwein
1 Zwiebel
40 g Butterschmalz
Salz, schwarzer Pfeffer
2 Lorbeerblätter
2 Gewürznelken
200 g Crème fraîche
1 Bund Petersilie

Zubereitungszeit
30 Min.
(+ 12 Std. marinieren
+ 50 Min. garen)

Pro Portion ca.
880 kcal

1 Die Kaninchenteile abspülen, trockentupfen und in eine Schüssel legen. Den Wein darüber gießen und das Fleisch über Nacht an einem kühlen Platz zugedeckt marinieren.

2 Am nächsten Tag die Zwiebel schälen und würfeln. Die Kaninchenteile aus dem Wein nehmen, abtropfen lassen und trockentupfen. Das Butterschmalz erhitzen und die Kaninchenteile von allen Seiten bei mittlerer Hitze hellbraun anbraten, mit Salz und Pfeffer bestreuen und auf einen Teller legen.

3 Im verbliebenen Fett die Zwiebel glasig braten. Wein und Salz unterrühren, die Kaninchenteile hineinlegen, alles aufkochen und zugedeckt bei schwacher Hitze ca. 30 Min. schmoren.

4 Dann die Gewürze dazugeben und die Crème fraîche unterrühren. Alles noch ca. 20 Min. bei schwacher Hitze weiterschmoren lassen.

5 Das Gericht mit Salz und Pfeffer abschmecken. Die Petersilie abspülen, trockenschütteln, die Blättchen hacken und vor dem Servieren über das Gericht streuen. Als Beilage passen Nudeln oder Reis.

Wild-Fondue

Kalorienarm

Zutaten für 4 Personen:

Für das Fondue:

700 g Reh- und/oder
Hirschfleisch (Keule oder
ausgelöster Rücken)
800 g gemischtes Gemüse
aus Rosenkohl, Blumen-
kohl und Möhren
Salz, Pfeffer
800 ml Wildfond
(aus dem Glas)
200 ml trockener Weißwein
(oder Wasser)
1 Zweig frischer Thymian
2 zerdrückte Wacholderbeeren
1 Lorbeerblatt

Für die Sauce:
Saft und Schale von
1/2 unbehandelten Zitrone
250 g Hagebuttenmark (Reformhaus)
4 EL Rotwein (oder Fleischbrühe)
1 TL Ahornsirup
1 EL Gin oder Wodka (nach Belieben)

Vorbereitungszeit
50 Min.
(+ 1 Std. gefrieren)
Pro Portion ca.
450 kcal

1 Das Fleisch in einem Gefrierbeutel im Gefrierschrank ca. 1 Std. anfrieren lassen. Inzwischen alles Gemüse putzen und waschen. Rosenkohl ganz lassen, Blumenkohl in Röschen teilen, Möhren in Stücke schneiden.

2 Das Gemüse getrennt in kochendem Salzwasser je 5 Min. blanchieren, kalt abschrecken, abtropfen lassen. Auf Platten dekorativ anrichten.

3 Für die Sauce Zitronensaft und -schale mit Hagebuttenmark und Rotwein glatt rühren, mit Ahornsirup und dem Alkohol abschmecken.

4 Wildfond, Weißwein und die Gewürze in einem Fonduetopf aufkochen lassen.

5 Das Fleisch mit einem scharfen Messer quer zur Faser in dünne Scheiben schneiden. Auf einer Platte dekorativ anrichten und leicht pfeffern.

6 Die Brühe auf das Rechaud stellen. Fleisch und Gemüse auf Fonduegabeln gespießt in der Brühe garen. Mit der Hagebuttensauce servieren. Dazu passen Brot und Knoblauchsauce.

45

In dir steckt
ein ganz schönes
Teufelchen – wa?!
Wir sind
doch alle
keine Heiligen
P.GA

Kann denn Süßes
Sünde sein?

Kann es nicht – denn ein Menü ohne ein feines Dessert als Abschluss, das wäre doch wie Weihnachten ohne Geschenke.

Pistazien-Pudding

Ganz einfach

Zutaten für 4–6 Personen:

5 Blatt weiße Gelatine
40 g Pistazienkerne
300 ml Milch
150 g Marzipanrohmasse
2 EL Mandellikör
grüne Speisefarbe
150 g Sahne

Zubereitungszeit
15 Min.
(+ 6 Std. kühlen)
Bei 6 Personen
pro Portion ca.
290 kcal

1 Die Gelatine in kaltem Wasser einweichen. Die Pistazien bis auf 1 EL hacken.

2 Die Milch erwärmen, die Gelatine ausdrücken und in der Milch auflösen. Gehackte Pistazien, in Stücke geschnittene Marzipanrohmasse, Mandellikör und Speisefarbe dazugeben und alles mit dem Mixstab aufschlagen. Die Mischung 30 Min. kalt stellen.

3 Die Sahne steif schlagen, unter die Milch-Marzipan-Masse ziehen, alles in eine Mini-Gugelhupfform füllen und für ca. 6 Std. kalt stellen.

4 Die Form stürzen und den Pudding mit den zurückbehaltenen Pistazien bestreut servieren.

Grapefruit-Sabayon

auf Früchten

Raffiniert

Zutaten für 4 Personen:

3 Grapefruits

50 ml Rum

2 ganz frische Eigelbe

75 g Zucker

etwas Grapefruitsaft

125 g Sahne

150 g Lebkuchen

Saft von 1 Zitrone

Außerdem:
einige Zweige frische
Minze zum Garnieren

Zubereitungszeit

30 Min.

(+ 1 Std. marinieren)

Pro Portion ca.

420 kcal

1 Die Grapefruits bis ins Fruchtfleisch schälen, die Filets auslösen und je nach Größe dritteln oder vierteln. Den Saft dabei auffangen. 8 Fruchtstücke zum Garnieren beiseite legen, die übrigen im Rum 1 Std. marinieren.

2 Die Eigelbe mit dem Zucker und 100 ml Grapefruitsaft (aufgefangenem plus zugekauftem) im heißen Wasserbad cremig aufschlagen. Sobald die Mischung aufpufft, die Sabayon im kalten Wasserbad weiterschlagen.

3 Ist die Sabayon abgekühlt, die Sahne steif schlagen und unterziehen. Bis zum Anrichten kalt stellen.

4 Die Lebkuchen fein zerbröseln. Die Ränder von Dessertgläsern erst in Zitronensaft, dann in die Lebkuchenbrösel tauchen.

5 In die Gläser im Wechsel die marinierten Früchte, die restlichen Lebkuchenbrösel und die Sabayon einschichten. Mit Grapefruitstücken und Minze garnieren.

Die Frage ist: Wen wollen wir erreichen, was wollen wir erreichen und genügt dazu ein einfaches Halleluja?!

Kurz vor Weihnachten im Trainingslager!

Zimtparfait
mit heißem Pflaumenmus

Braucht etwas Zeit

Zutaten für 4–6 Personen:

Für das Pflaumenmus:
500 g Dörrpflaumen ohne Stein
3/4–1 l Rotwein

Für das Zimtparfait:
2 Eigelbe
100 g Zucker
250 g Sahne
1 TL Zimtpulver

Zubereitungszeit
50 Min.
(+ 2 Tage marinieren
+ 6 Std. gefrieren)
Bei 6 Personen pro Portion ca.
524 kcal

1 Die Pflaumen waschen, trocknen in eine Schüssel geben und vollständig mit Wein bedecken. 2 Tage bei Zimmertemperatur ziehen lassen, nach Bedarf Wein nachgießen, so dass die Pflaumen immer bedeckt sind.

2 Für das Parfait die Eigelbe schaumig schlagen, nach und nach den Zucker einrieseln lassen und das Ganze zu einer dickcremigen, fast weißen Masse schlagen. In einer zweiten Schüssel die Sahne steif schlagen. Diese vorsichtig aber gründlich mit der Eiercreme vermischen, dabei den Zimt untermengen.

3 Die Parfaitmasse in eine kleine, mit Klarsichtfolie ausgelegte Kastenform streichen, mit Klarsichtfolie abdecken und die Masse im Tiefkühl-gerät etwa 6 Stunden gefrieren lassen. 30 Minuten vor dem Anrichten das Parfait herausnehmen.

4 Die Rotweinpflaumen mit der Einweichflüssigkeit in einem Topf bis kurz vor dem Siedepunkt erhitzen, dann mit dem Pürierstab fein pürieren, dabei so viel Wein angießen, dass das Mus eine ausreichend flüssige Konsistenz bekommt.

5 Das angetaute Zimtparfait in Scheiben schneiden und sofort mit dem heißen Pflaumenmus servieren.

Crème caramel
à l'orange

Französischer Klassiker

Zutaten für 4 feuerfeste Förmchen
von je 150 ml Inhalt:

2 Orangen
110 g Zucker
1 EL Orangenlikör
1 TL abgeriebene Schale von
1 unbehandelten Orange
2 Eier
1/4 l Milch

Zubereitungszeit
30 Min.
(+ 40 Min. backen)
Pro Portion ca.
220 kcal

1 Die Orangen bis ins Fruchtfleisch schälen. Die Filets auslösen, dabei den austretenden Saft auffangen.

2 50 g Zucker mit 3 EL Wasser, dem Orangenlikör und dem aufgefangenen, durch ein Sieb gegossenen Saft in einer kleinen Pfanne erhitzen und unter Rühren karamellisieren lassen. Sofort in die Förmchen verteilen, diese damit rundum ausschwenken.

3 Ein tiefes Backblech mit heißem Wasser füllen und in den Backofen schieben. Den Ofen auf 200° vorheizen. Den übrigen Zucker mit der Orangenschale und den Eiern schaumig schlagen, die Milch unterrühren.

4 Die Creme in die Förmchen gießen, im Ofen (Mitte, Umluft 180°) im heißen Wasserbad in 40 Min. stocken lassen.

5 Die heiße Creme sofort auf Dessertteller stürzen. Die Orangenfilets um die Creme im Sirup verteilen, bis zum Servieren kalt stellen.

Tipp:

Sie können das Dessert auch in feuerfesten Tassen zubereiten.

Gegrillte Früchte

Schnell

Zutaten für 4 Personen:

40 g Butter

4 Feigen

2 rosa Grapefruits

2 EL Ahornsirup

2–3 EL Mandelblättchen

Zubereitungszeit
20 Min.
Pro Portion ca.
200 kcal

1 Eine Grillpfanne oder den Grill vorheizen. Die Butter in einem Pfännchen bei schwacher Hitze zerlassen. Die Feigen waschen, abtrocknen, nach Belieben schälen und dann vierteln. Die Grapefruits bis ins Fruchtfleisch schälen und in Achtel schneiden.

2 Die Butter mit dem Ahornsirup vermischen und die Früchte damit bepinseln. Dann die Grapefruits mit einem Teil der Mandelblättchen panieren.

3 Die Früchte in der Grillpfanne oder unter dem heißen Backofengrill auf jeder Seite 1–2 Min. grillen. Die restlichen Mandelblättchen in einem Pfännchen ohne Fett rösten. Die gegrillten Früchte mit den Mandelblättchen bestreut servieren.

Variante mit Cognac-Butter

1 EL Butter zerlassen und mit 2 EL Cognac und 40 g kalter Butter vermischen. Über die angerichteten Früchte geben.

Tipp: Dazu passen Vanilleeis und Biscotti (italienische Mandelschnitten).

Exoten-Fondue

Kalorienarm

Zutaten für 4 Personen:

7 Orangen, davon 2 unbehandelte
4 Limetten
1 kleine frische Kokosnuss
1 Babyananas
2 Kiwis
1 Karambole (Sternfrucht)
1 Papaya
1 reife Mango
150 g Physalis
(Kapstachelbeeren)
2 TL Palmzucker
(oder brauner Zucker)

Vorbereitungszeit
40 Min.
Pro Portion ca.
280 kcal

1 Die unbehandelten Orangen und 2 Limetten heiß waschen, abtrocknen und die Schale abreiben. Alle Orangen und Limetten auspressen.

2 Zwei Augen der Kokosnuss mit Hammer und Nagel öffnen, das Kokoswasser durch ein Sieb in eine Schüssel gießen. Die Nussschale mit dem Hammer aufklopfen. Das Fruchtfleisch auslösen, fein raspeln und auf vier Schälchen verteilen.

3 Die Ananas vierteln, schälen, den Strunk herausschneiden und das Fruchtfleisch in mundgerechte Stücke schneiden. Die Kiwis schälen und achteln. Die Karambole waschen und in Scheiben schneiden; diese je nach Größe, halbieren oder vierteln.

4 Die Papaya schälen, längs halbieren, entkernen und würfeln. Die Mango schälen, das Fruchtfleisch vom Stein schneiden, dann in Stücke schneiden. Die Physalis aus der Hülle lösen, waschen und halbieren.

5 Alle Früchte auf einer Platte anrichten. In einem Fonduetopf Zitrussaft und -schale, Kokoswasser und Zucker vermischen und unter Rühren erhitzen.

6 Den Sud auf ein brennendes Rechaud stellen, das Obst auf Fonduegabeln gespießt für ca. 2 Min. hineintauchen. In den Kokosraspeln wenden.

Festtägliche Kombinationen

Weihnachtsmenüs ganz nach Geschmack

Das Menü vom Büfett

Das raffinierte Menü

Das Menü, das ganz leicht gelingt

Das schnelle Menü

Der Sack ist leer, aber das Herz läuft über!

Gasherd-Temperaturen

Die Temperaturstufen bei Gasherden variieren von Hersteller zu Hersteller. Welche Stufe Ihres Herdes der jeweils angegebenen Temperatur entspricht, entnehmen Sie bitte der Gebrauchsanweisung.

Backen mit Umluft

Alle Temperatur- und Zeitangaben im Buch beziehen sich aufs Backen mit Ober- und Unterhitze. Die entsprechende Umluft-Temperatur ist etwa 10 % geringer und ist in jedem Rezept in Klammern angegeben.

Abkürzungen

TL = Teelöffel
EL = Esslöffel
Msp. = Messerspitze
kcal = Kilokalorien

Impressum

© 2001 Gräfe und Unzer Verlag GmbH, München.

Einzelabdrucksrechte der Cartoons
von Peter Gaymann
© Cartoon Concept®, Hannover

Redaktion: Stefanie Poziombka
Lektorat: Claudia Schmidt
Layout und Umschlaggestaltung:
Andrea Schmidt – www.wildatart.de
Satz und Herstellung: Verlagssatz Lingner
Produktion: Helmut Giersberg
Bildnachweis: Stockfood Eising: S. 11;
Michael Brauner: S. 4, 7, 8, 12, 20, 27, 28, 32, 35, 37, 38, 41, 43, 44, 50, 53, 54, 56, 58;
Barbara Bonisolli: S. 15, 22, 49;
Reiner Schmitz: S. 19, 25
Reproduktion: Repro Schmidt, Dornbirn
Druck und Bindung: Kaufmann, Lahr
ISBN 3-7742-3267-9

Auflage	5.	4.	3.	
Jahr	05	04	03	02

Weitere Informationen zu Peter Gaymanns Postkarten und Geschenkartikeln erhalten Sie bei:
Cartoon Concept®
Postfach 1269
30012 Hannover

Peter Gaymann

Geboren 1950 in Freiburg im Breisgau, gehört Peter Gaymann zu den erfolgreichsten deutschen Cartoonzeichnern. Seit seinem 1984 erschienenen Cartoonband "Huhnstage" sind die Hühner zu seinem Markenzeichen geworden. Seinen Zeichnungen und Drucken wurden zahlreiche Ausstellungen gewidmet, sie erscheinen regelmäßig in Magazinen wie BRIGITTE und GONG, in verschiedenen Kochzeitschriften und vielen anderen Zeitschriften Gaymann lebt, nach einem mehrjährigen Aufenthalt in Rom, als freier Zeichner und Grafiker in Köln.

Guten Rutsch!